Konzentrationsübungen mit Bildern

– Übungen mit Selbstkontrolle –

Michael Junga

AF177788

Impressum

Titel: LEVISO – Konzentrationsübungen mit Bildern – Übungen mit Selbstkontrolle
Autor: Michael Junga
Umschlagmotive: Krake und Wal © Alexandra – stock.adobe.com
Illustrationen: Ewa Wolska; Krake: © Alexandra – stock.adobe.com
Druck: Leo Paper Products Limited, CN

Verlag an der Ruhr
Mülheim an der Ruhr
www.verlagruhr.de

Geeignet für Kinder von 5–7 Jahren

Verlag an der Ruhr

Spielanleitung

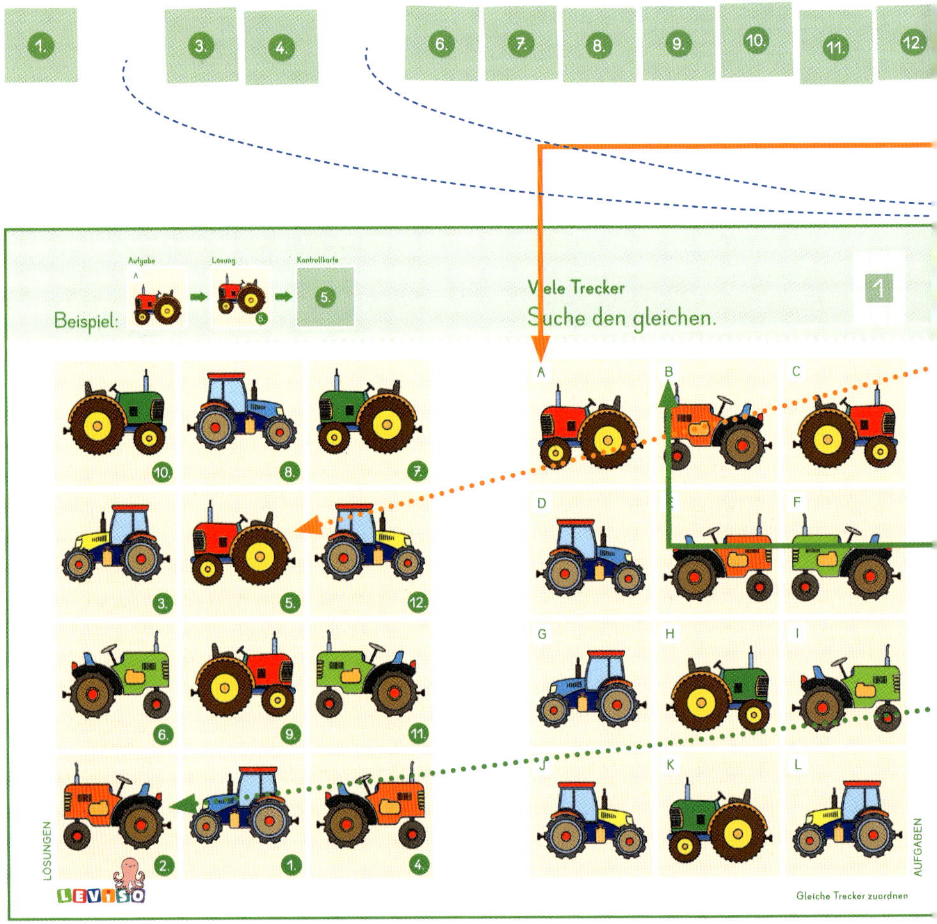

1.　　3.　4.　　6.　7.　8.　9.　10.　11.　12.

Beispiel:
Aufgabe A　→　Lösung 5　→　Kontrollkarte 5.

Viele Trecker
Suche den gleichen.

1

LÖSUNGEN

10. 8. 7.
3. 5. 12.
6. 9. 11.
2. 1. 4.

A B C
D E F
G H I
J K L

AUFGABEN

Gleiche Trecker zuordnen

LEVISO

LEVISO

Link zum Anleitungsvideo:
Um das Video in unserem Shop anzusehen, bitte den QR-Code einscannen und auf der Produktseite nach unten scrollen.

1. Lege deine Kontrollkarten über deine Aufgabenseite.

2. Schaue dir Aufgabe A an. Was ist gleich?

3. Suche links die Lösung. Unter der Lösung findest du die Nummer deiner Kontrollkarte.

4. Lege deine passende Kontrollkarte 5 rechts neben das Heft.

5. Schaue dir Aufgabe B an. Was ist gleich?

6. Suche links die Lösung. Unter der Lösung findest du die Nummer deiner Kontrollkarte.

7. Lege die passende Kontrollkarte 2 rechts neben die Kontrollkarte von Aufgabe A.

8. Passen die Muster von deinen Kontrollkarten genau zusammen? Dann machst du weiter, bis du alle 12 Aufgaben von A bis L bearbeitet hast.

Wenn die Muster genau zusammenpassen, hast du alles richtig gemacht.

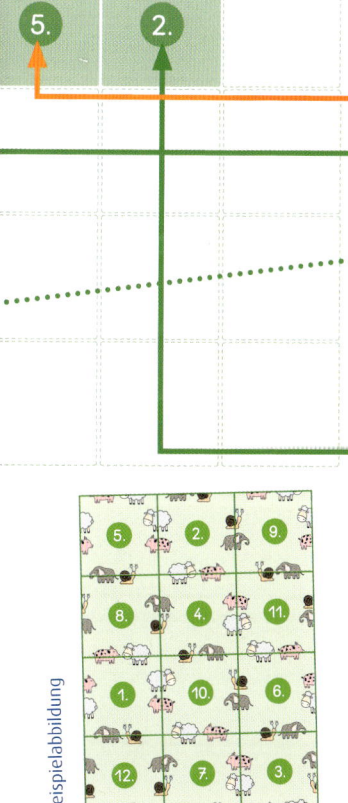

Beispielabbildung

Konzentrationsübungen mit Bildern

Beispiel:

Aufgabe → Lösung → Kontrollkarte

A
5.
5.

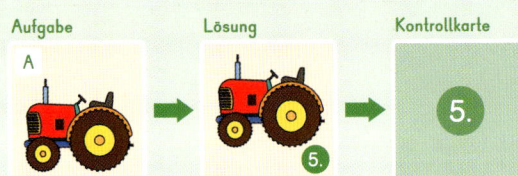

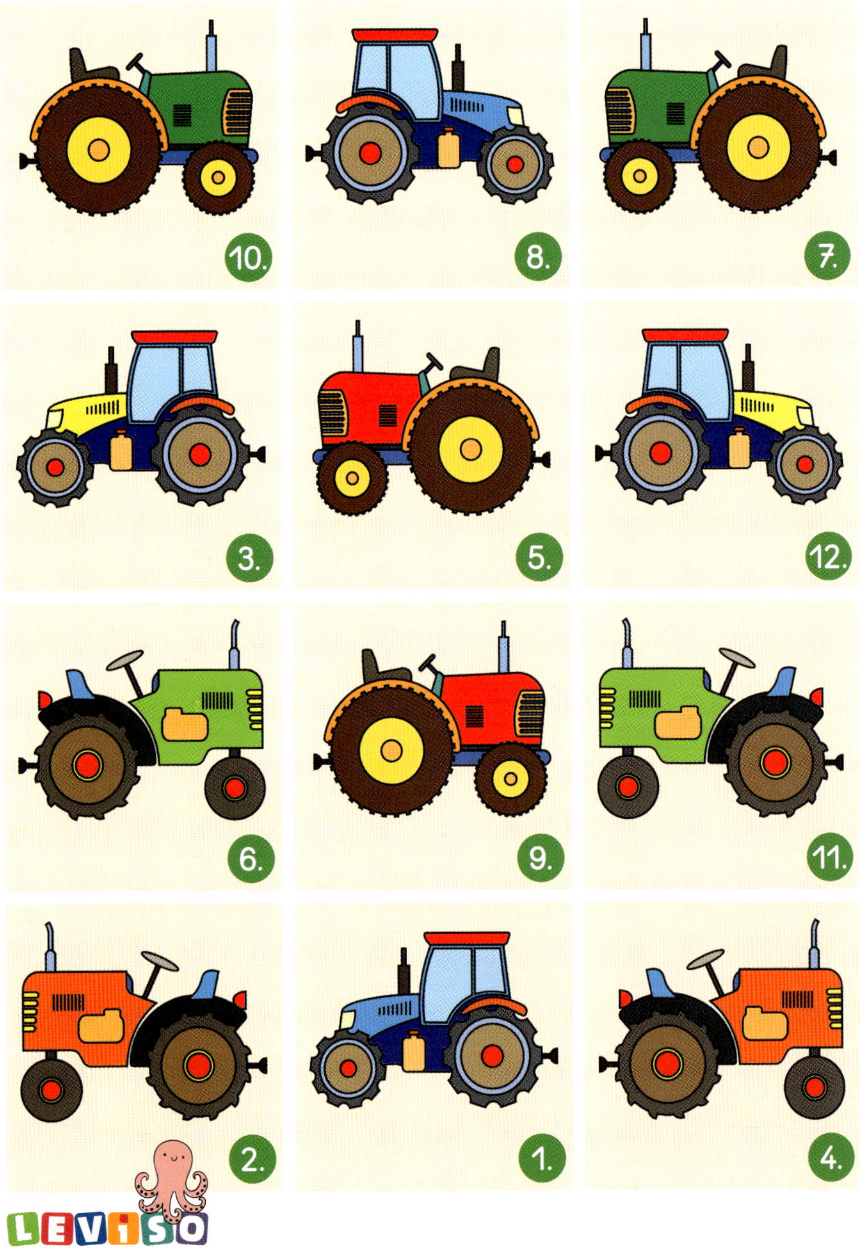
10.
8.
7.
3.
5.
12.
6.
9.
11.
2.
1.
4.

LÖSUNGEN

LEVISO

Viele Trecker
Suche den gleichen.

A

B

C

D

E

F

G

H

I

J

K

L

Gleiche Trecker zuordnen

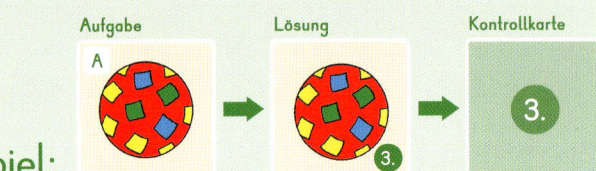
4.

9.

11.

10.

7.

6.

2.

1.

12.

3.

8.

5.

LÖSUNGEN

LEViSO

Rote Bälle
Suche den gleichen.

A

B

C

D

E

F

G

H

I

J

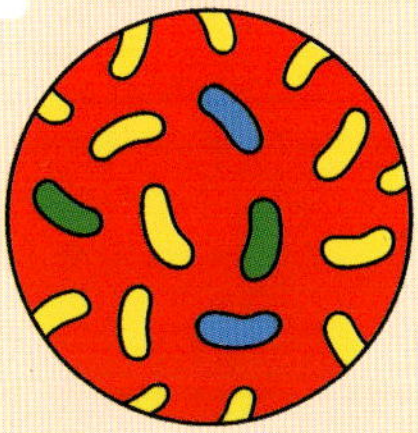

K

L

AUFGABEN

Gleiche Bälle zuordnen

Aufgabe

A

Lösung

Kontrollkarte

11.

11.

Beispiel:

5.

7.

8.

6.

3.

11.

4.

2.

10.

12.

9.

1.

LÖSUNGEN

LEViSO

Große und kleine Lokomotiven
Suche die gleiche.

Gleiche Lokomotiven in groß und klein zuordnen

Beispiel:

4.

12.

9.

2.

11.

10.

6.

7.

8.

LÖSUNGEN

1.

3.

5.

LEViSO

Verborgene Tiere
Suche das gleiche.

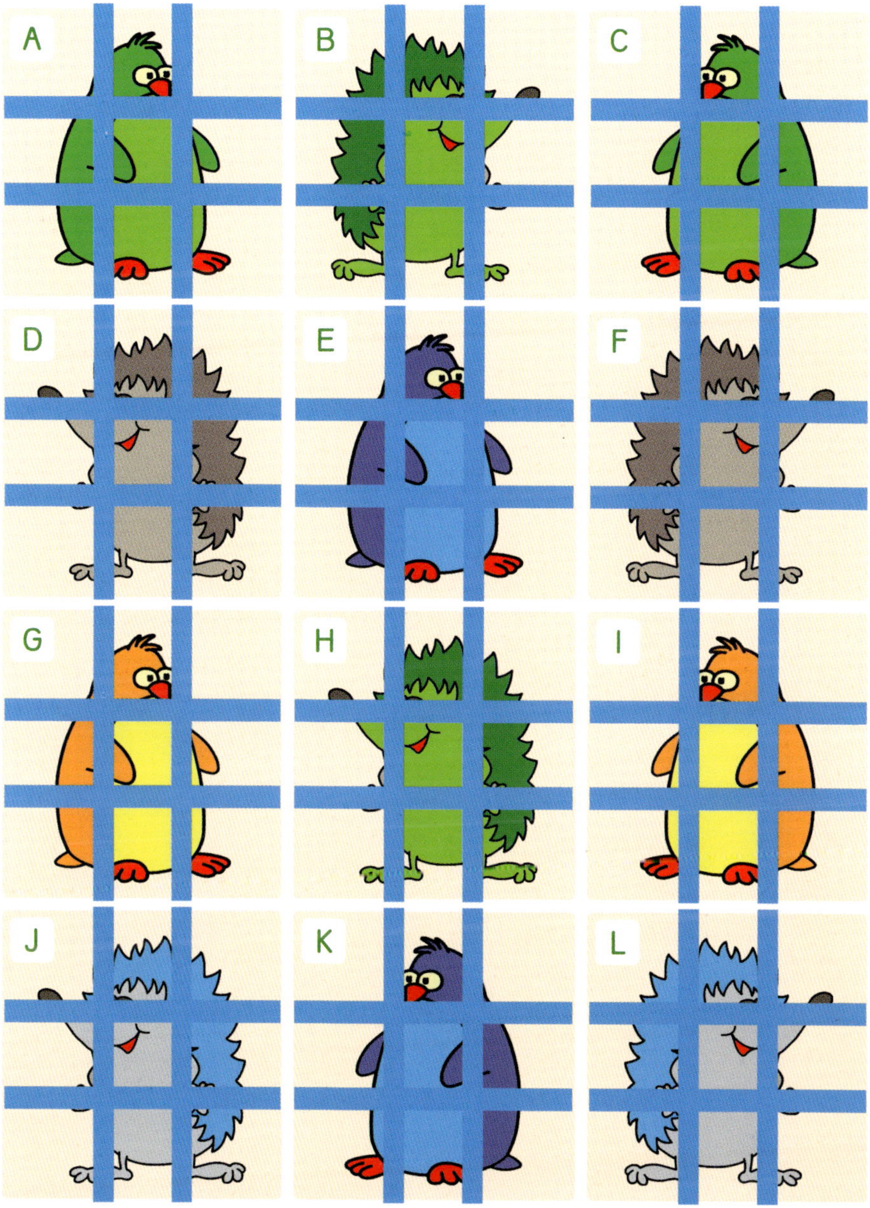

A

B

C

D

E

F

G

H

I

J

K

L

AUFGABEN

Verborgene Tiere zuordnen

12.

Beispiel:

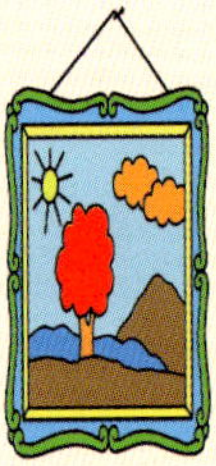

6.

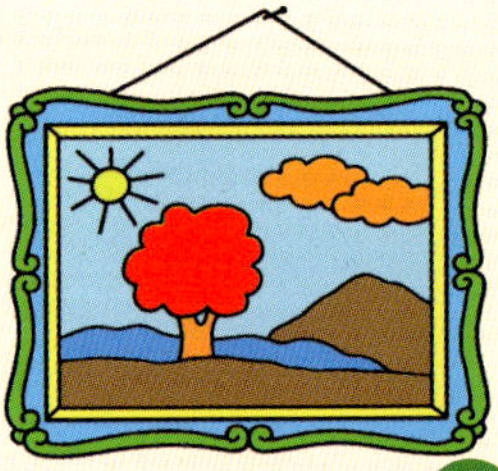

8.

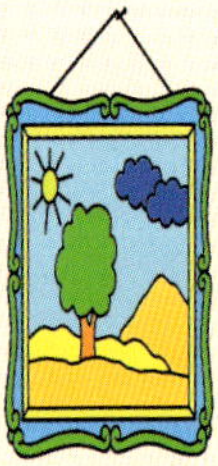

4.

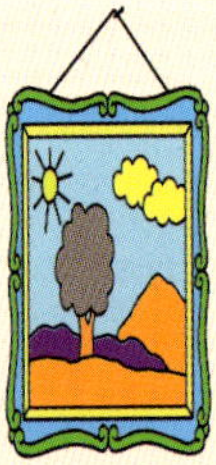

5.

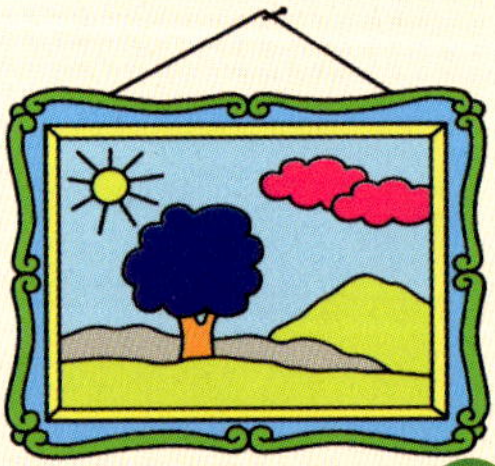

11.

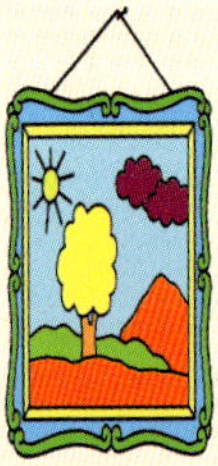

1.

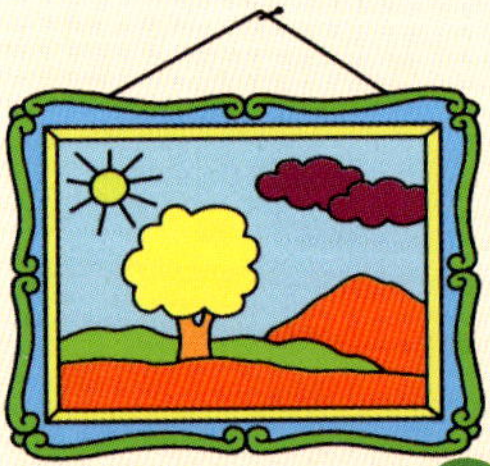

2.

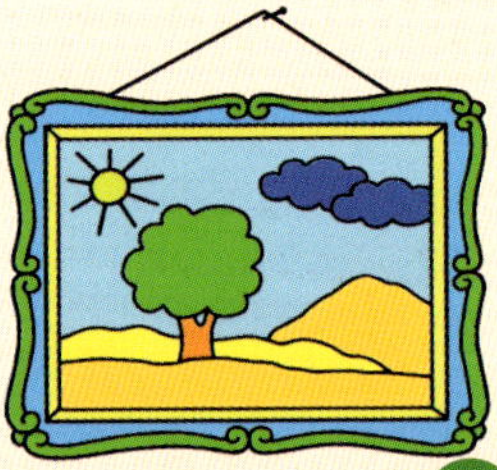

3.

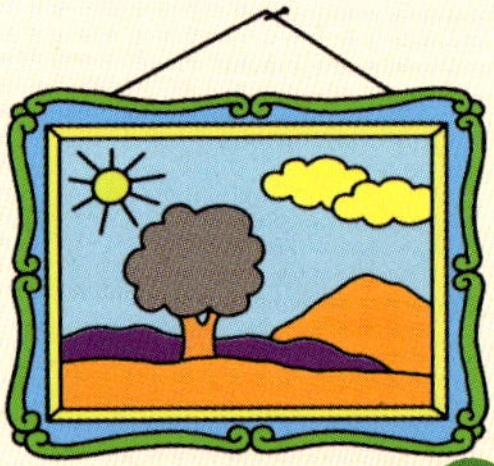

10.

LÖSUNGEN

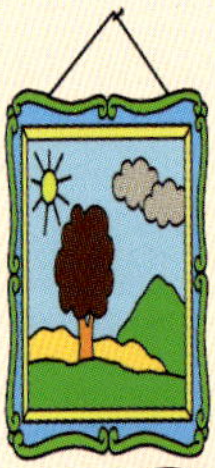

9.

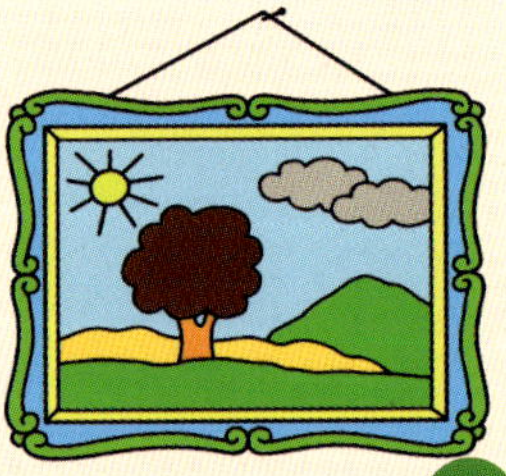

12.

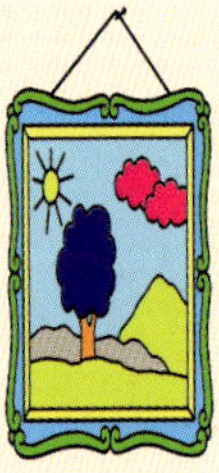

7.

LEViSO

Breite und schmale Bilder
Suche das gleiche.

A

B

C

D

E

F

G

H

I

J

K

L

AUFGABEN

Breite und schmale Bilder zuordnen

Beispiel:

8.

3.

2.

12.

4.

10.

5.

1.

9.

6.

11.

7.

LÖSUNGEN

leviso

Gleiche Katzen in Blau und Grün
Suche die gleiche in Grün.

6

A

B

C

D

E

F

G

H

I

J

K

L

AUFGABEN

Gleiche Katzen in Grün zuordnen

1.

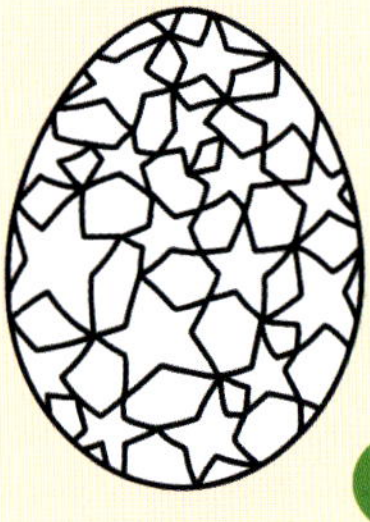

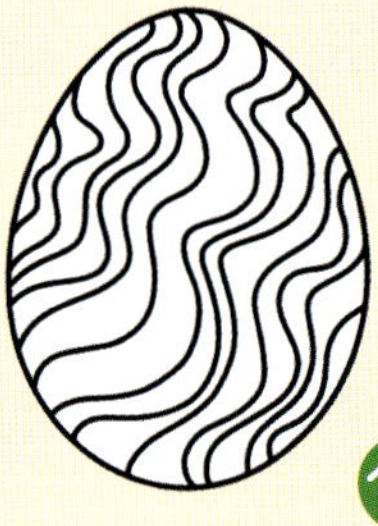

10.

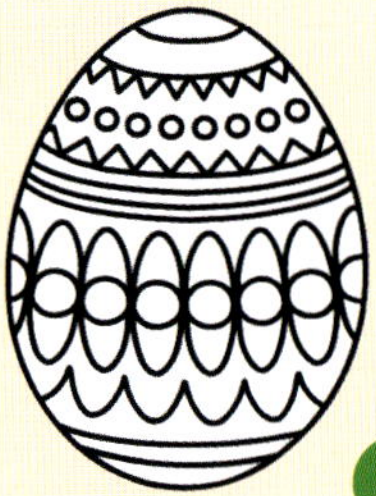

7.

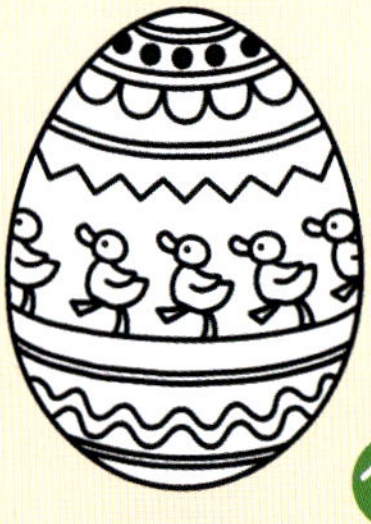

12.

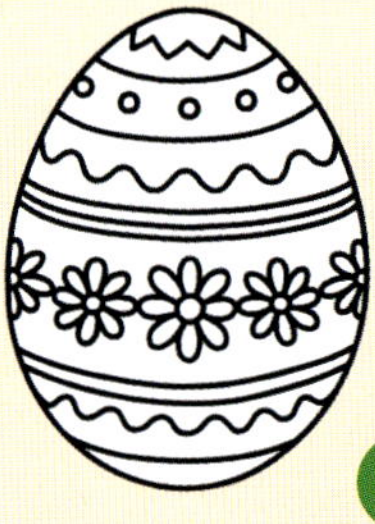

9.

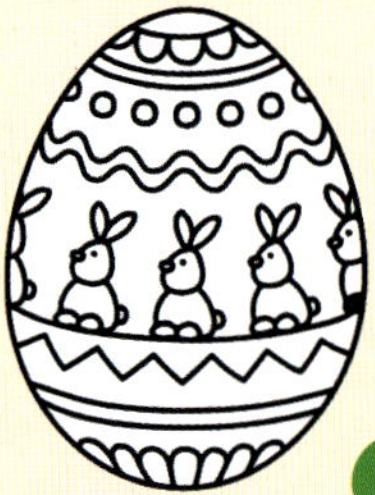

2.

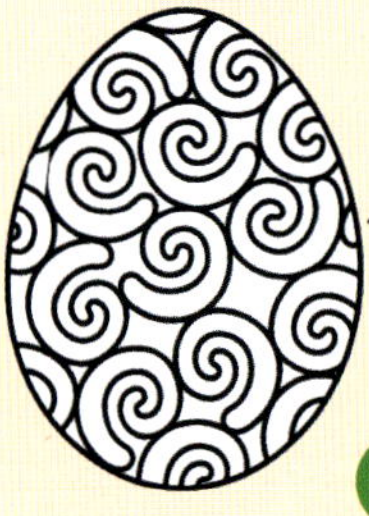

8.

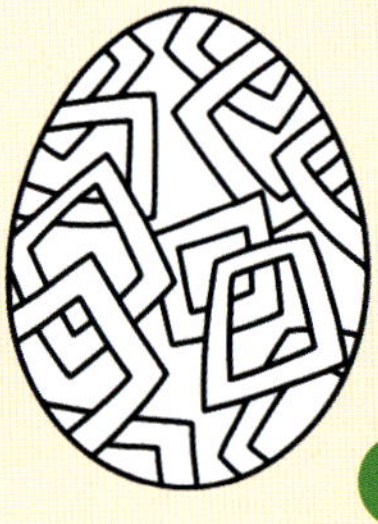

6.

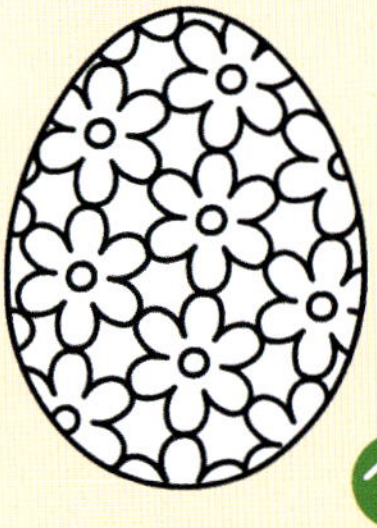

11.

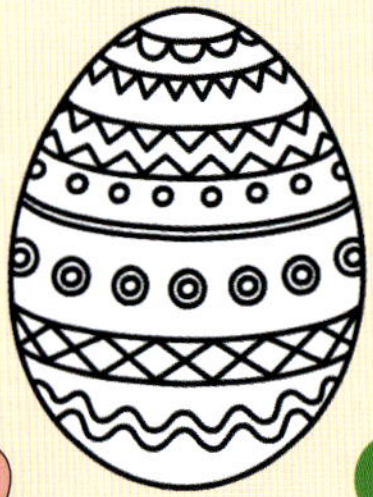

4.

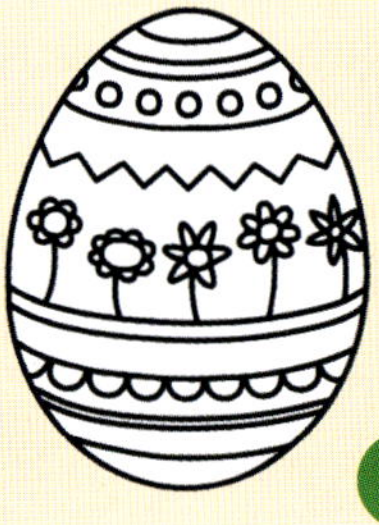

3.

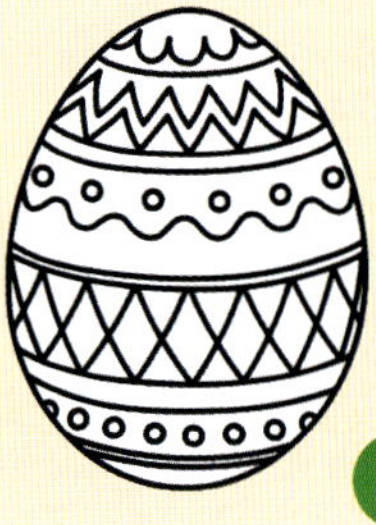

5.

LÖSUNGEN

LEViSO

A

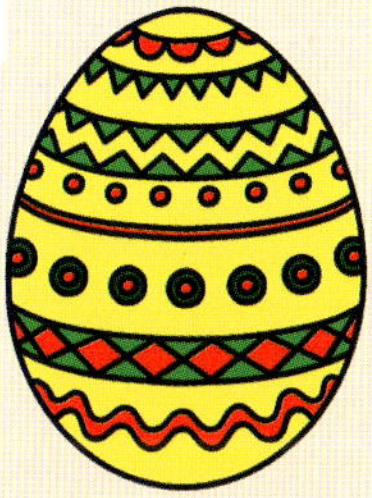

B

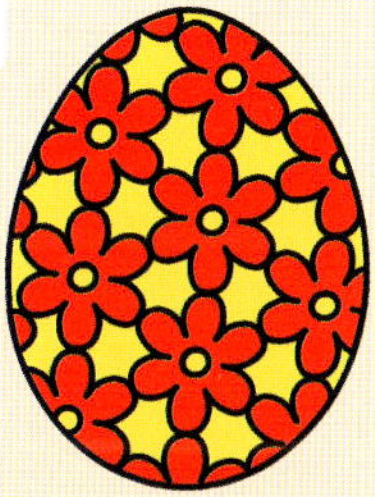

C

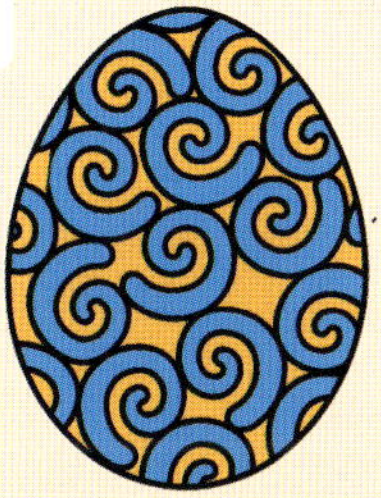

D

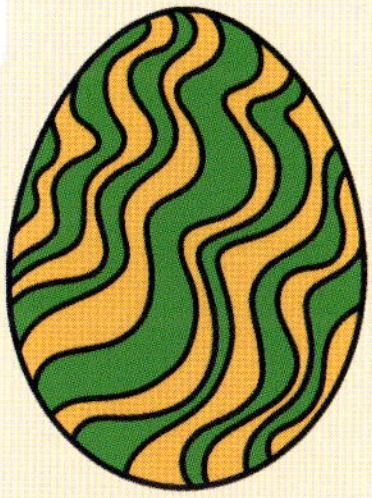

E

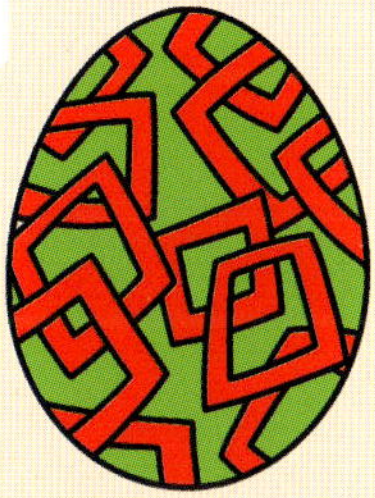

F

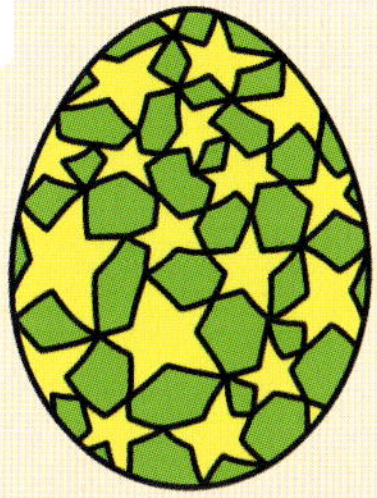

G

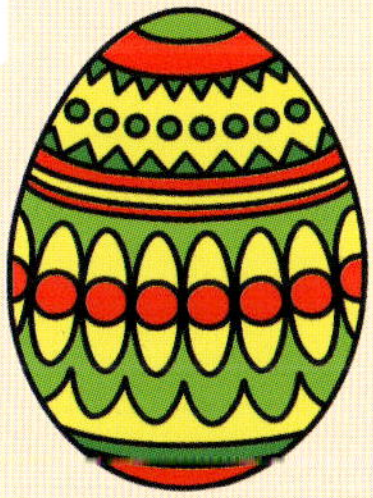

H

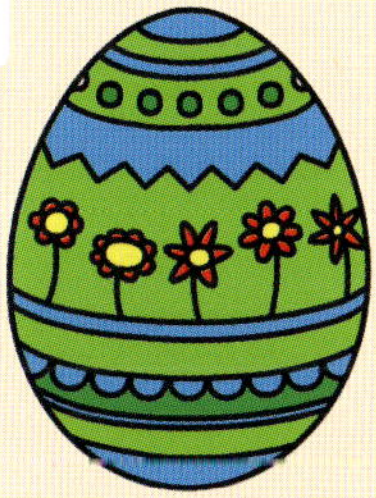

I

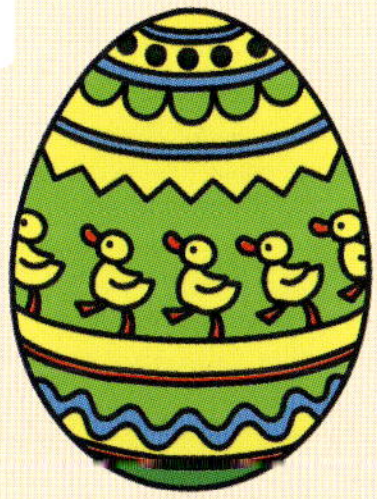

J

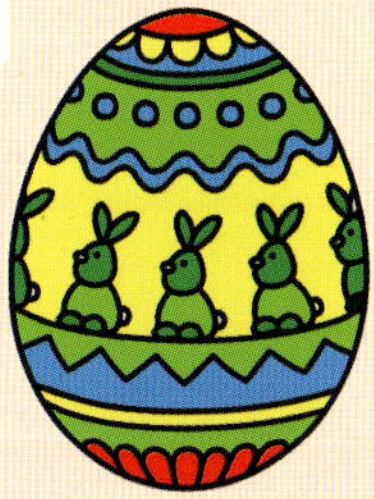

K

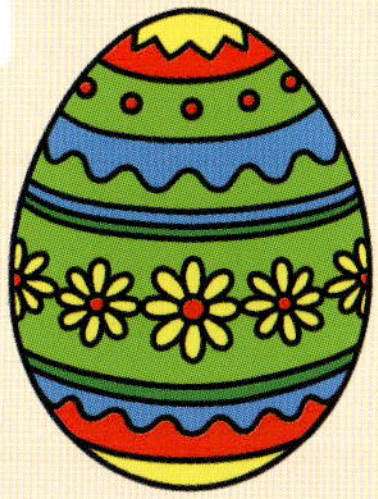

L

AUFGABEN

Gleiche Eier in Schwarz-Weiß zuordnen

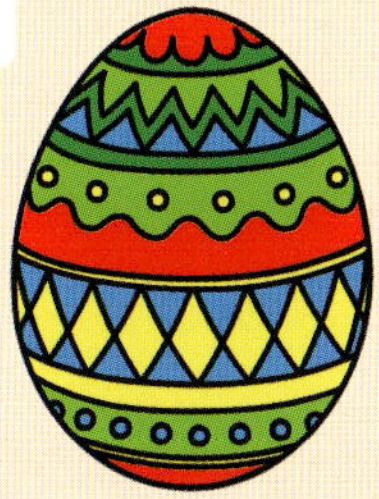

Beispiel:

Aufgabe	Lösung	Kontrollkarte
A	2.	2.

6.

12.

7.

11.

3.

10.

2.

4.

8.

1.

5.

9.

LEViSO

Schwarze und weiße Gespenster
Suche das gleiche in Weiß.

A

B

C

D

E

F

G

H

I

J

K

L

AUFGABEN

Gleiche Gespenster in Weiß zuordnen

Beispiel:

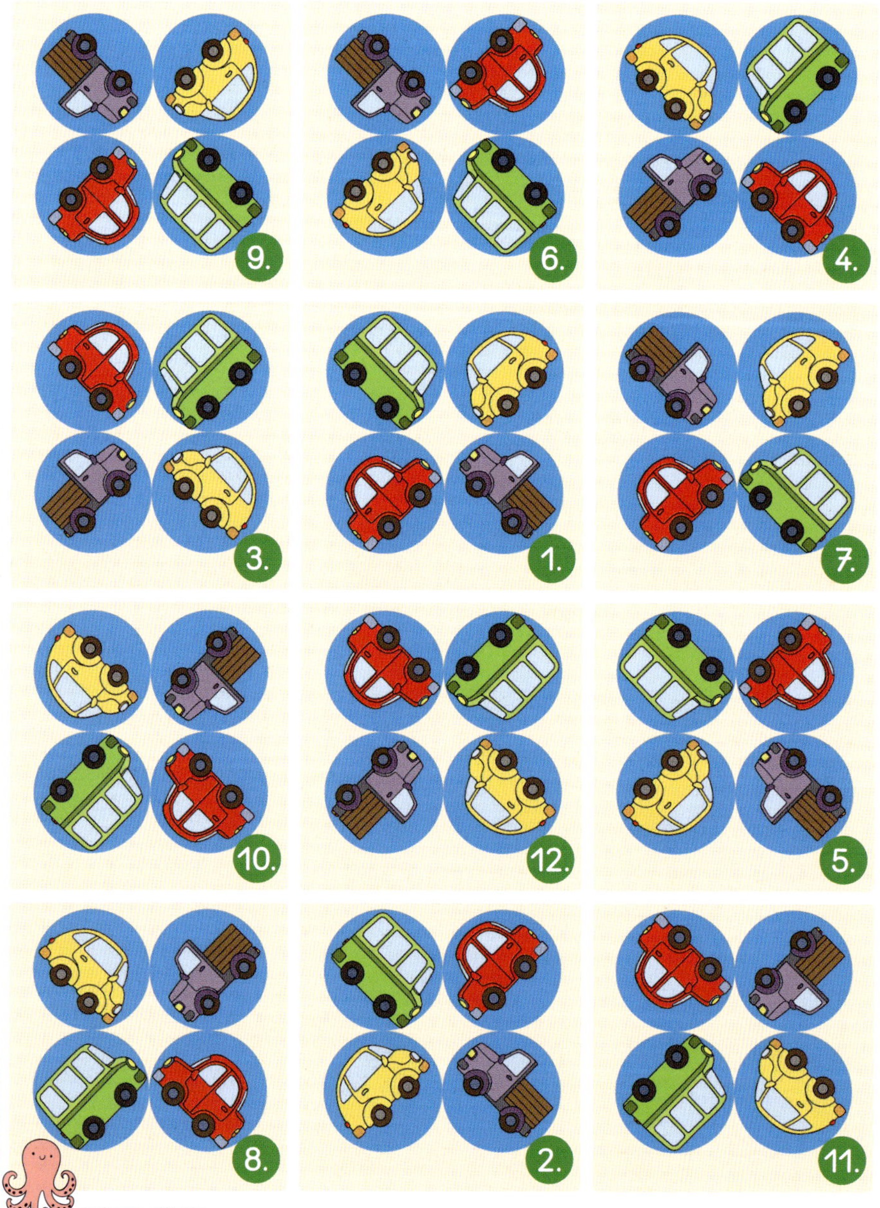

9.

6.

4.

3.

1.

7.

10.

12.

5.

8.

2.

11.

LEViSO

A

B

C

D

E

F

G

H

I

J

K

L

AUFGABEN

Gleiche Fahrzeuggruppen zuordnen

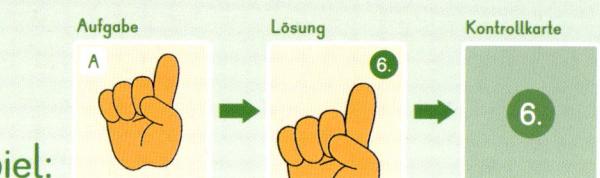

Beispiel:

Aufgabe
A
Lösung
6.
Kontrollkarte
6.

5.
3.
9.
12.
2.
10.
11.
6.
4.
7.
8.
1.

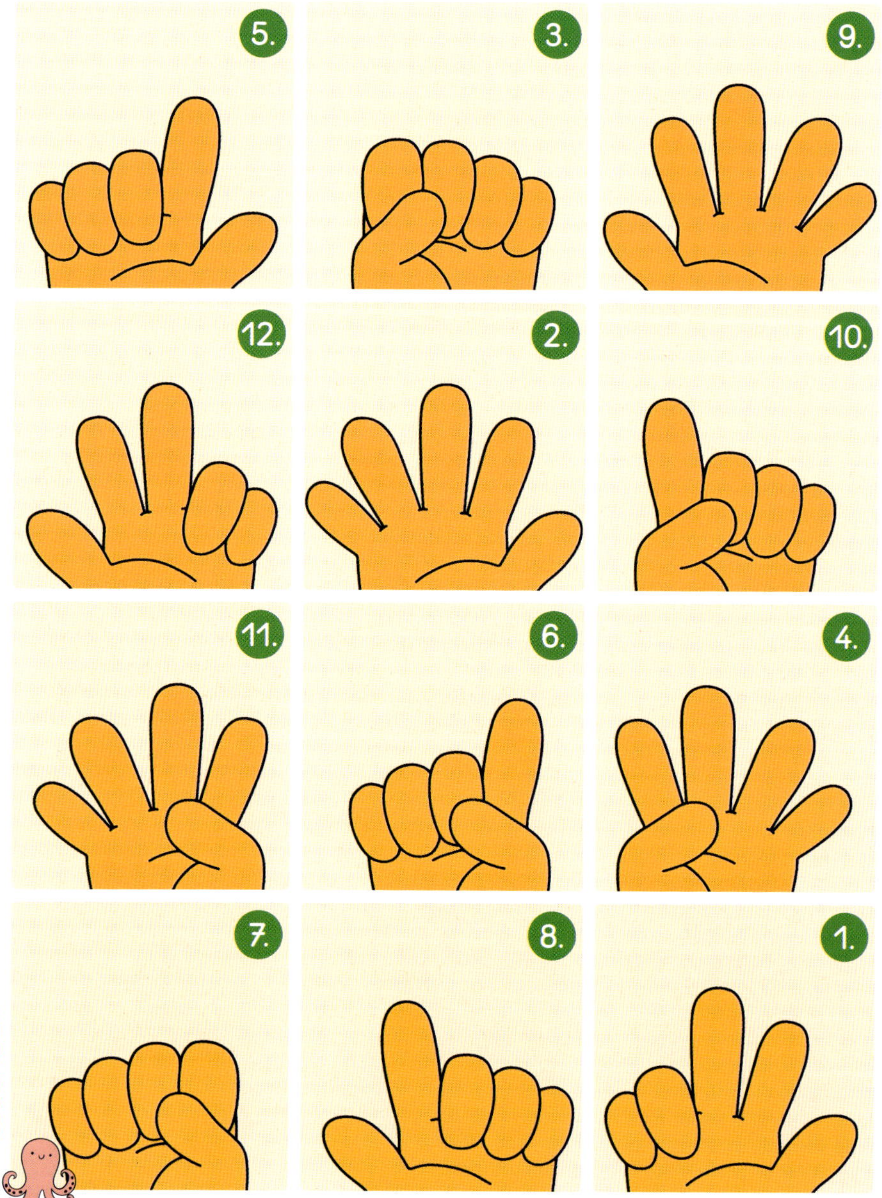

Viele Finger
Suche die gleichen.

A

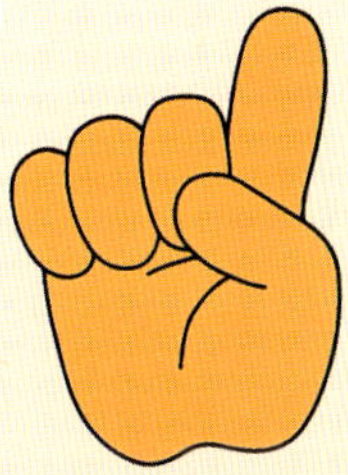

B

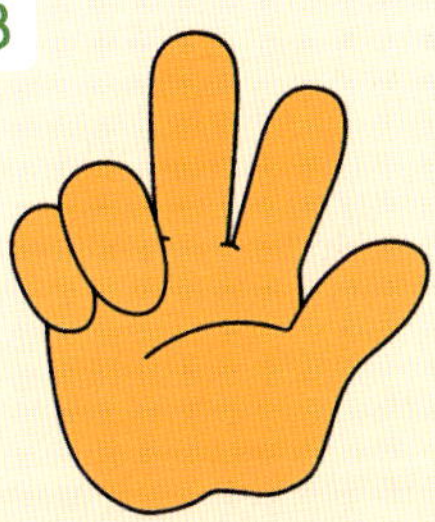

C

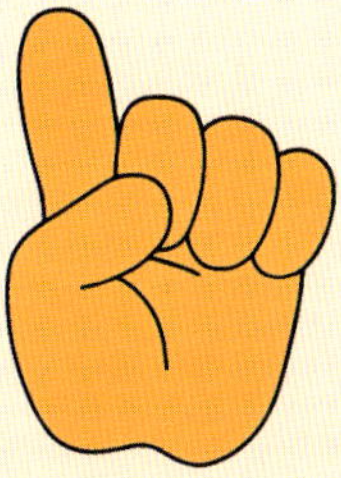

D

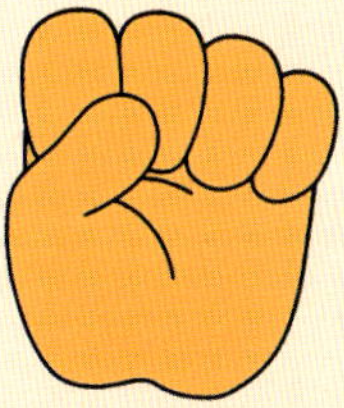

E

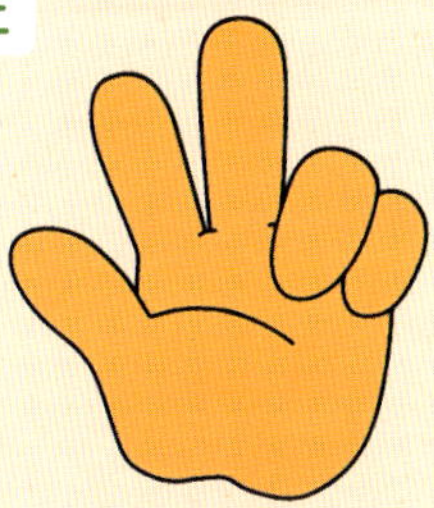

F

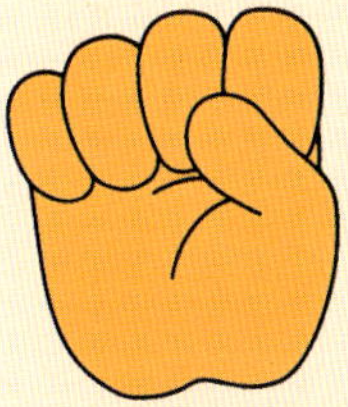

G

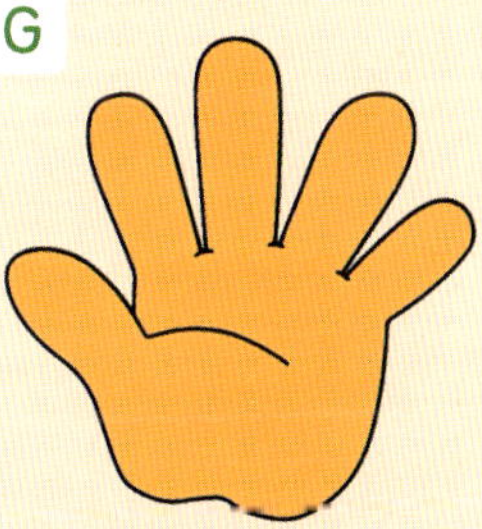

H

I

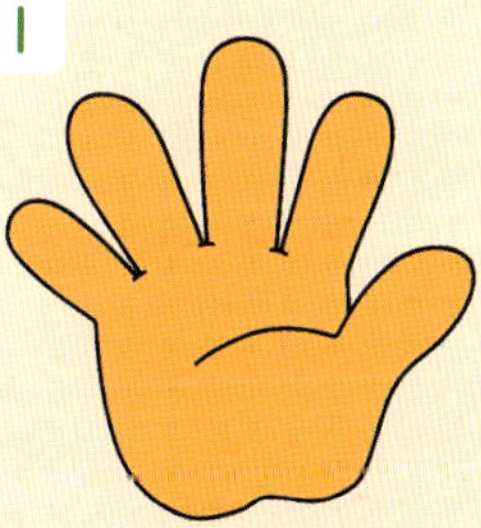

J

K

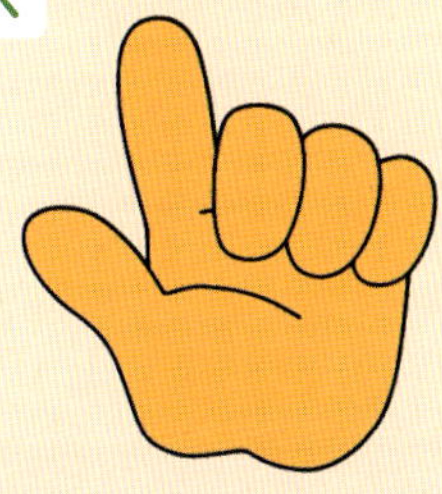

L

AUFGABEN

Bildausschnitte zuordnen

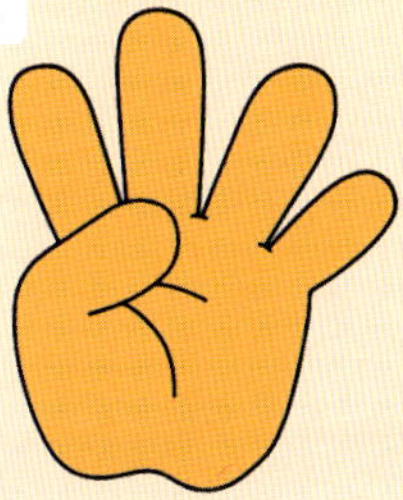

A

8.

Beispiel:

6.

2.

7.

5.

8.

10.

9.

4.

12.

11.

3.

1.

LÖSUNGEN

LEViSO

Winkende Kinder
Suche die gleichen.

A

B

C

D

E

F

G

H

I

J

K

L

AUFGABEN

Gleiche Kinder zuordnen

Beispiel:

6.

8.

10.

2.

9.

7.

3.

1.

11.

4.

5.

12.

LÖSUNGEN

LEViSO

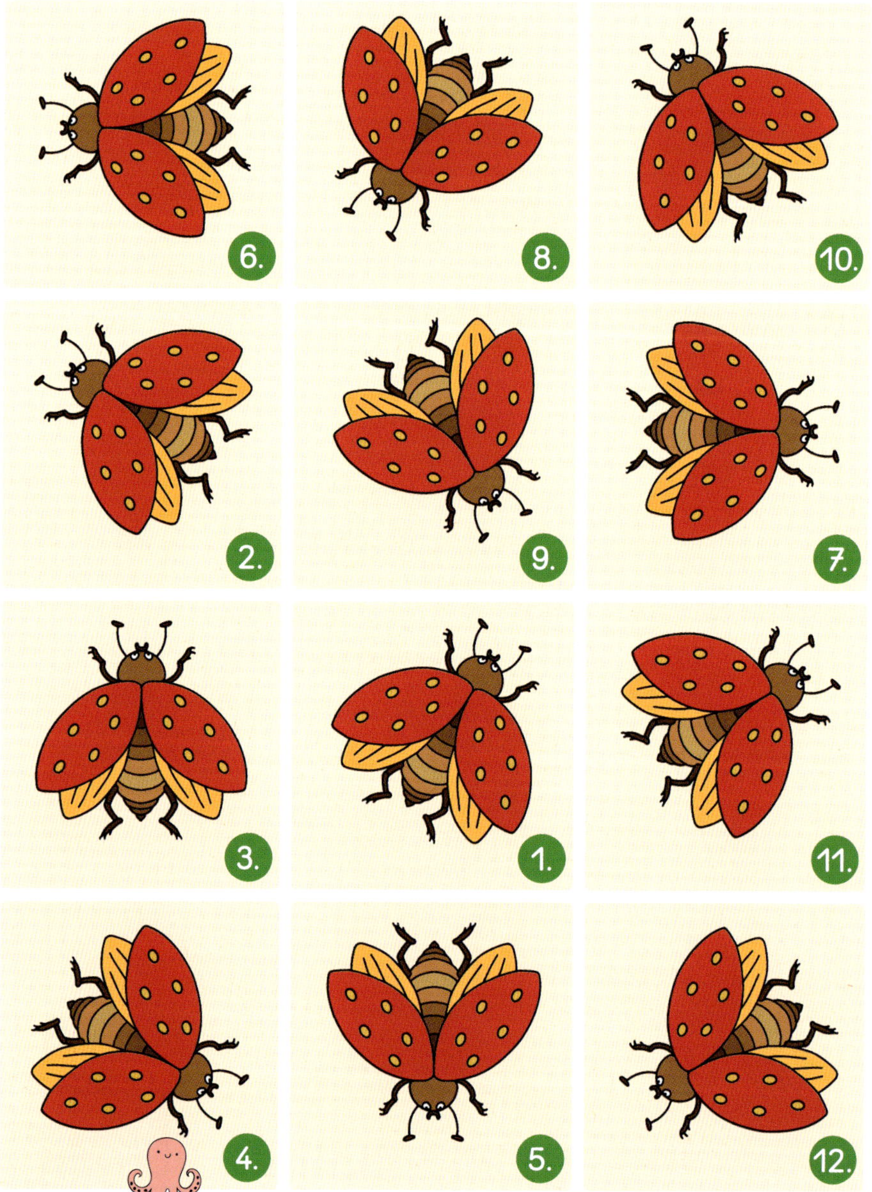

Viele Käfer

Suche die gleichen.

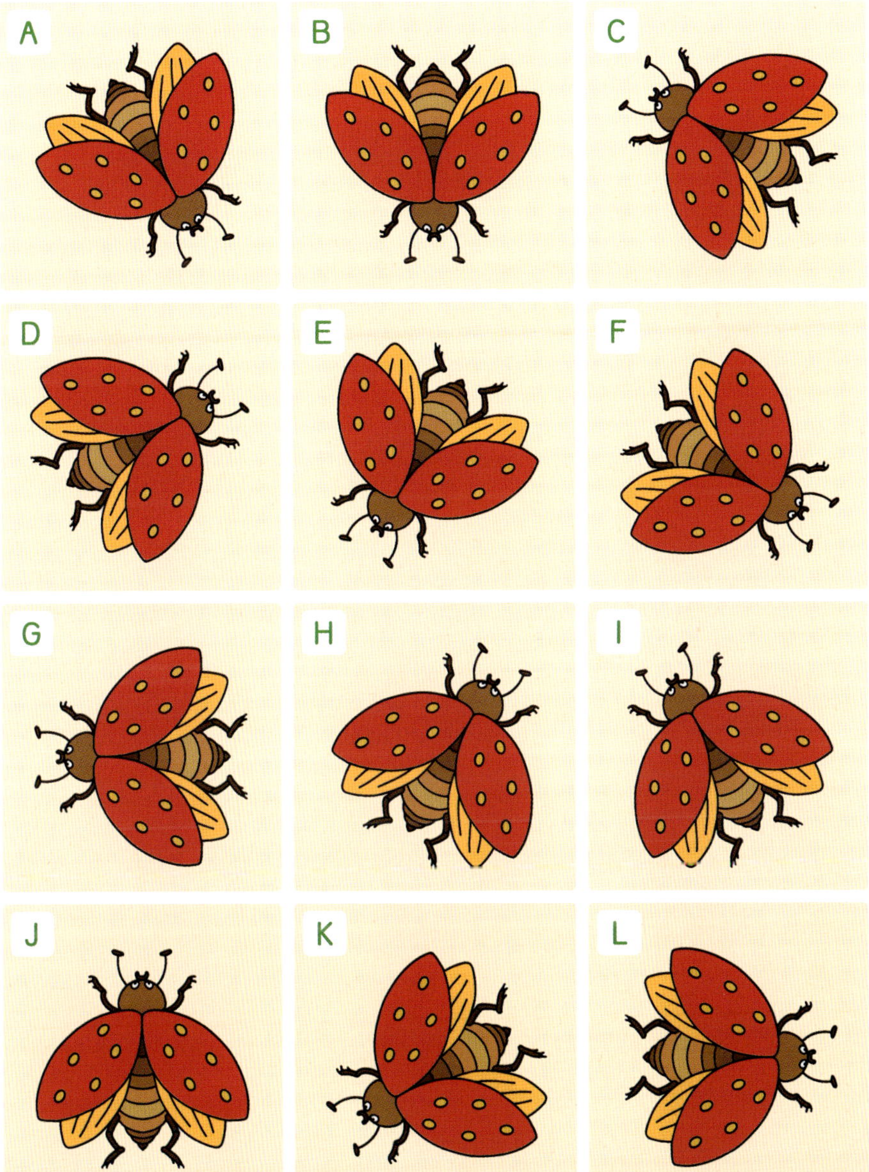

A

B

C

D

E

F

G

H

I

J

K

L

AUFGABEN

Gleiche Käfer zuordnen

Lösungen

1
5.	2.	9.
8.	4.	11.
1.	10.	6.
12.	7.	3.

2
3.	12.	7.
9.	5.	2.
11.	8.	4.
6.	1.	10.

3
11.	8.	4.
6.	1.	10.
3.	12.	7.
9.	5.	2.

4
10.	6.	1.
7.	3.	12.
2.	9.	5.
4.	11.	8.

5
12.	7.	3.
5.	2.	9.
8.	4.	11.
1.	10.	6.

6
1.	10.	6.
12.	7.	3.
5.	2.	9.
8.	4.	11.

7
4.	11.	8.
10.	6.	1.
7.	3.	12.
2.	9.	5.

8
2.	9.	5.
4.	11.	8.
10.	6.	1.
7.	3.	12.

9
7.	3.	12.
2.	9.	5.
4.	11.	8.
10.	6.	1.

10
6.	1.	10.
3.	12.	7.
9.	5.	2.
11.	8.	4.

11
8.	4.	11.
1.	10.	6.
12.	7.	3.
5.	2.	9.

12
9.	5.	2.
11.	8.	4.
6.	1.	10.
3.	12.	7.